FICHE DE LECTURE

Document rédigé par Fanny Normand
maitre en littératures comparées
(Université Paris IV-Sorbonne)

Nadja

André Breton

lePetitLittéraire.fr

lePetitLittéraire.fr
FICHE DE LECTURE
Oscar et la dame rose
Éric-Emmanuel Schmitt
L'Étranger

André Breton
Écrivain surréaliste français

- **Né en 1896 à Tinchebray**
- **Décédé en 1966 à Paris**
- **Quelques-unes de ses œuvres :**
  Les Champs magnétiques, avec Philippe
  Soupault (1920), récit
  Nadja (1928), récit
  L'Amour fou (1937), récit

André Breton est un romancier, poète et essayiste, né à Tinchebray, dans l'Orne en 1896. Il est surtout connu pour avoir fondé le mouvement surréaliste. En 1919, il a créé avec ses amis Philippe Soupault et Louis Aragon la revue *Littérature*, et y publie le premier texte surréaliste, *Les Champs magnétiques*. En 1924, il publie le *Manifeste du surréalisme*, qui l'impose comme chef de file de ce mouvement. Auteur de *Nadja* (1928) et de *L'Amour fou* (1937), André Breton a également été membre du Parti communiste français de 1927 à 1935. Il est mort à Paris en 1966.

Nadja
Nadja ou l'épopée surréaliste

- **Genre :** roman
- **Édition de référence :** *Nadja*, Paris, Gallimard, 1963, 155 p.
- **1re édition :** 1928
- **Thématiques :** rencontre, surréalisme, beauté, littérature

Nadja est un récit autobiographique d'André Breton publié en 1928. La partie centrale du livre raconte sa rencontre avec Nadja, qu'il fréquenta pendant neuf jours entre le 4 et le 12 octobre 1926 à Paris.

Il entreprend la rédaction de son livre en aout 1927, alors qu'il est en vacances en Normandie. À son retour à Paris, à l'automne suivant, il ajoute des illustrations à son ouvrage. En novembre, il lit la première partie de *Nadja* devant ses amis surréalistes. Il rencontre à cette époque Suzanne Muzard, avec qui il part deux semaines dans le Sud de la France. Au mois de décembre, il ajoute une troisième partie à *Nadja* qui lui est en partie consacrée. L'œuvre parait en 1928, puis est à nouveau modifiée en 1963.

RÉSUMÉ

À l'origine, le roman *Nadja* est composé de trois parties distinctes, articulées autour d'un élément central : la rencontre avec la jeune femme. Ces trois parties ne sont pas clairement délimitées, leur séparation étant simplement marquée par des blancs.

PROLOGUE

Dans le prologue que Breton a écrit à l'occasion de la réédition du texte en 1963, il explique les raisons pour lesquelles il lui a semblé nécessaire, trente-cinq ans après sa rédaction, d'améliorer son œuvre. Il a voulu « obtenir un peu plus d'adéquation dans les termes et de fluidité par ailleurs » (p. 6), afin d'aller dans le sens d'un « mieux dire » (p. 7).

L'INSAISISSABLE RÉALITÉ

La première partie de l'œuvre est une réflexion théorique sur la littérature et les arts en général. Breton entend bousculer les conventions littéraires.

Il commence par s'interroger : « Qui suis-je ? », question aussitôt reformulée : « Qui je hante ? » Breton constate que son moi véritable lui échappe sans cesse et qu'il ne peut dire la réalité de sa vie : il est condamné à s'en faire une représentation qui n'est qu'une insatisfaisante reconstruction mentale. L'important, pour lui, c'est de chercher à se différencier des autres : il veut trouver sa singularité.

Breton estime que les œuvres ne suffisent pas à exprimer la singularité de leur auteur, elles n'en sont que le reflet. C'est pourquoi, selon lui, la critique littéraire devrait porter plus d'attention aux menus faits de la vie courante : c'est dans ces petits détails que se révèle la personnalité d'un écrivain.

Ensuite, Breton s'interroge sur la façon dont on peut percevoir le monde, et explique que la disposition de l'esprit au moment de percevoir les choses est plus importante que la manière de les percevoir. Autrement dit, il est moins important de dire ce qu'on voit que de dire comment on regarde. Breton se compare à Huysmans (écrivain français, 1848-1907), en reconnaissant que ce dernier a su montrer qu'il existait derrière les apparences et l'empire du dicible un jeu de forces et de puissances mystérieuses que l'écrivain doit débusquer et dire. Là où tant d'autres essaient de construire une réalité dans leur livre, Huysmans tire la littérature vers ce qu'on pourrait appeler un « envers des choses » : la vie, non pas dans ce qu'elle nous donne à voir d'apparemment compréhensible, mais dans ce qu'elle peut avoir d'insaisissable.

C'est en se proposant de relater les coïncidences les plus minimes, de restituer les associations d'idées les plus fortuites – « si bizarres soient-elles » – et de dire les rapprochements qu'on a l'habitude de taire que le narrateur entend découvrir cet envers de la vie, convaincu que la réalité ne se réduit pas à ce qu'on en dit ordinairement. Il envisage pour ce faire de recourir à l'écriture automatique (procédé qui consiste à écrire littéralement tout ce qui passe par l'esprit). Pour raconter son histoire avec Nadja, il laisse donc à sa plume, qui court au hasard, le soin de dévoiler les rapprochements hasardeux où se niche la vie. D'ailleurs, Breton explique qu'il est possible que le récit qu'il s'apprête à écrire déforme ou ampute la réalité de son histoire avec Nadja. Mais ce n'est pas grave car il n'est pas là pour raconter des « faits divers », mais pour mettre des mots sur ce qui n'en a pas. Il ne tourne pas pour autant le dos à la réalité. D'ailleurs, il place le début de son récit à côté du très réel Panthéon de Paris.

LES ÉVÈNEMENTS ANNONCIATEURS DE LA RENCONTRE

Le récit commence à l'hôtel des Grands Hommes, place du Panthéon, en 1918. Breton évoque quelques rencontres marquantes, les endroits où il s'est rendu entre 1918 et 1927, l'effet qu'ont sur lui certains objets, certains de ses rêves, etc., avant de raconter sa première rencontre avec Nadja, en insistant sur les coïncidences troublantes qui l'ont frappé, dont il ne propose pourtant jamais d'interprétation. Plus tard, il comprend, et le lecteur avec lui, que cette série de coïncidences étaient en fait les signes annonciateurs de sa rencontre avec Nadja qui elle-même constitue un présage de ce qu'il appelle la « Merveille » (p. 176).

Breton relate ensuite la semaine passée avec Nadja sous la forme d'un journal, daté du 5 au 12 octobre. Le récit bascule alors au présent. Pendant ces quelques jours, il se promène avec elle dans les rues de Paris. Dans un café, elle lui parle de son enfance et lui avoue qu'elle a dû se prostituer pour survivre.

Breton est vite fasciné par la ressemblance qu'il observe entre le comportement de la jeune femme et le surréalisme, alors qu'elle ne sait encore rien de ce mouvement littéraire. Il lui fait lire quelques-uns de ses textes, dont certains l'émeuvent particulièrement. Très vite pourtant, il commence à douter de leur relation et se rend compte qu'il ne peut pas l'aimer (« Il est impardonnable que je continue de la voir si je ne l'aime pas. Est-ce que je ne l'aime pas ? », p. 104). Le journal s'interrompt le 12 octobre, après l'évocation d'un voyage à Saint-Germain.

Dans les pages qui suivent, Breton essaie de comprendre la relation qu'il a entretenue avec Nadja. Pour cela, il commence par se rappeler quelques-unes de ses phrases, ses dessins, qu'il décrit consciencieusement (en particulier *La Fleur des amants*, dessin reproduit à la page 139), puis les objets qui ont inspiré des réflexions à la jeune femme. Il se contente de décrire, ne proposant aucune interprétation et se refusant à toute analyse psychologique.

Plusieurs mois après leur rencontre, Breton raconte qu'il a appris que Nadja avait été internée dans un hôpital psychiatrique. Il ne peut s'empêcher de ressentir de la culpabilité, pensant qu'il a peut-être contribué à développer chez elle son gout pour les idées délirantes.

LA BEAUTÉ

Dans l'épilogue de *Nadja*, Breton parle de ce qu'il s'est passé dans sa vie depuis qu'il a terminé la rédaction des deux premières parties du texte. Il explique que dorénavant, il éprouve une émotion intense qui concerne « le cœur plus encore que l'esprit » (p. 176). La période pendant laquelle il a rencontré Nadja lui semble déjà appartenir à un passé lointain.

Il explique ensuite ne pas être satisfait de la partie illustrée de son texte. En le relisant après plusieurs mois, il lui semble que les photos ne correspondent plus à ses souvenirs.

Ensuite, Breton s'adresse à un « Toi » anonyme. Il s'agit de Suzanne Muzard, qu'il a rencontrée en 1927, alors qu'il avait déjà rédigé les premières parties du livre.

La dernière partie de l'épilogue est un hommage à la beauté, qui ne doit être selon lui ni statique, ni dynamique, mais « faite de saccades » (p. 189). Il retranscrit ensuite un article de journal relatant un fait divers : un avion en perdition lance un ultime message, pour faire savoir qu'il se trouve aux alentours d'une ile appelée « l'île du Sable ». Le récit se termine par cette dernière phrase, reprenant l'idée de beauté « faite de saccades » : « La beauté sera CONVULSIVE ou ne sera pas. » (p. 190)

ÉTUDE DES PERSONNAGES

Le terme de « personnage » est impropre lorsque l'on parle de *Nadja*, dans la mesure où André Breton raconte un épisode de sa vie. Ainsi, tous les personnages sont en réalité des personnes qui ont réellement existé.

ANDRÉ BRETON

Lorsque Breton rencontre Nadja, en octobre 1926, il est âgé de 31 ans. Il est à la tête du mouvement surréaliste et connait déjà une certaine renommée pour avoir notamment publié le *Manifeste du surréalisme*. Avant de croiser Nadja pour la première fois, il est frappé par une série de « pétrifiantes coïncidences », qu'il relate dans la première partie du récit. Selon lui, ces coïncidences étaient les signaux annonciateurs de sa rencontre avec la jeune femme.

Lorsqu'il croise Nadja dans la rue, il est d'emblée saisi par son apparence : elle est « si frêle qu'elle se pose en marchant », elle a un « sourire imperceptible » et « des yeux extraordinaires » (p. 72). Ils se voient chaque jour pendant une semaine. Il apprécie beaucoup le fait qu'elle soit particulièrement réceptive aux textes surréalistes. Mais, le 7 octobre, il commence à douter de leur relation et il finit par s'éloigner définitivement d'elle.

NADJA

Léona D. est née en mai 1902 à Lille. Après avoir donné naissance à une fille, elle se rend à Paris en 1923. Elle fréquente des milieux marginaux, et vit de prostitution et de trafic de drogue. Lorsqu'elle rencontre André Breton, elle évoque rapidement ses problèmes d'argent (« Elle m'entretient bien avec une certaine insistance de difficultés d'argent qu'elle éprouve, mais ceci, semble-t-il, plutôt en manière d'excuse et pour expliquer l'assez grand dénuement de sa mise », p. 73).

Elle s'applique à lire les ouvrages des surréalistes et semble particulièrement émue à la lecture d'un poème d'Alfred Jarry. À bien des égards, elle semble être l'incarnation du surréalisme.

Elle est internée le 21 mars 1927 dans un hôpital de banlieue « à la suite d'excentricités auxquelles elle s'était, paraît-il, livrée dans les couloirs de son hôtel » (p. 159), avant d'être transférée dans une autre institution psychiatrique du côté de Lille, jusqu'à sa mort, le 15 janvier 1941.

« TOI »

Cette mystérieuse jeune femme qu'André Breton évoque dans l'épilogue de *Nadja* est en réalité Suzanne Muzard, dont il est tombé amoureux en novembre 1927. Le couple se rendra dans le Sud de la France : ce voyage est évoqué à la fin du récit. André Breton se rend compte rétrospectivement que sa rencontre avec Nadja n'était que la préfiguration de cet amour : « Sans le faire exprès, tu t'es substituée aux formes qui m'étaient les plus familières, ainsi qu'à plusieurs figures de mon pressentiment. Nadja était de ces dernières, et il est parfait que tu me l'aies cachée. » (p. 186)

CLÉS DE LECTURE

LE SURRÉALISME

Le mouvement

En 1921, Breton, de plus en plus intéressé par les théories sur l'inconscient, rencontre Freud. Avec ses amis, il commence alors à expérimenter l'écriture en état d'hypnose, les récits de rêves et l'écriture automatique (c'est-à-dire spontanée, sans que la réflexion, la morale ou la raison ne viennent interrompre l'acte d'écrire) qui sont selon lui les meilleures façons d'explorer l'inconscient. Cette exploration est avant tout conçue comme une libération de l'esprit et une manière de mieux connaitre l'homme, en particulier dans ce qu'il a l'habitude de refouler. Ces techniques d'écriture deviendront vite la marque de fabrique du mouvement surréaliste, officialisé en 1924, année pendant laquelle Breton publie le *Manifeste du surréalisme*.

Si le surréalisme se caractérise par sa volonté de révéler l'inconscient, il se caractérise également par sa révolte non seulement contre les valeurs culturelles de l'époque, mais aussi contre la morale et les institutions qui ont mené au désastre de la Première Guerre mondiale.

Le groupe s'éteint en 1969, après la mort de ses principaux membres.

Nadja, un manifeste surréaliste

Le *Manifeste du surréalisme* est l'acte fondateur du surréalisme et en définit les caractéristiques. Quelques années plus tard, la publication de *Nadja* est plus qu'une illustration de ces préceptes : à lui seul, et pour plusieurs raisons, ce texte peut être considéré comme un manifeste du surréalisme. Il illustre et prône en même temps :

- l'exaltation de la liberté. Breton condamne les excès de la raison et le conformisme social qui selon lui entravent la liberté (« L'émancipation humaine à tous égards [...] demeure la seule cause qu'il soit digne de servir », p. 168). Pour lui, la logique et la raison sont « [les] plus haïssable[s] des prisons » (p. 169) ;
- un usage surréaliste de la langue. Dans le *Manifeste*, Breton écrivait : « Le langage a été donné à l'homme pour qu'il en fasse un usage surréaliste. » Il en donne l'exemple dans *Nadja* où il souhaite, grâce à des images inédites et à des associations de mots inattendues, briser les mécanismes de la pensée et changer les perceptions que l'on peut avoir de la réalité. Par exemple, il parle des « yeux de fougère » (p. 130) de Nadja et il utilise régulièrement des expressions ou des proverbes populaires en les détournant de leur sens (« Autant en emporte le vent du moindre fait qui se produit, s'il est imprévu », p. 68). Notons aussi que de manière générale, les phrases de Breton sont denses, sinueuses, complexes, et surtout chargées de références et de symboles. Elles visent à révéler le cheminement de la

pensée de l'auteur, et à restituer la complexité de la réalité. Pour Breton, il s'agit avant tout de libérer le langage pour libérer la pensée;

- le recours aux photographies. Dans son « Avant-dire », Breton prévient le lecteur qu'il tient à supprimer toutes les descriptions : à la place, il insère dans son texte des photographies des lieux. Si les descriptions sont rejetées, c'est parce qu'elles consistent à reproduire le réel; comme les surréalistes cherchent à dire l'indicible, elles n'ont plus d'utilité. Toutefois, les illustrations ne dispensent pas toujours Breton d'une description plus minutieuse, mais toujours dans le but de creuser l'« envers de la réalité ». Par exemple, en plus de la photo qui représente la boutique *Bois-Charbon* à la page 30, il décrit les rondeaux de bois de l'enseigne qui ont provoqué chez lui des hallucinations;
- la reproduction des dessins de Nadja. Comme il s'agit des images qui viennent à l'esprit de la jeune femme, la reproduction de ces dessins dans le livre fait partie intégrante de la démarche surréaliste qui cherche à accéder à l'inconscient. Ces dessins surprennent souvent par leur densité et par leur forte charge symbolique, que Breton s'emploie à expliquer minutieusement dans son texte. Mais certains de ces dessins restent de véritables énigmes; Nadja ne sait elle-même pas pourquoi figure un masque au coin inférieur gauche de la page 123. Quoi qu'il en soit, ces dessins révèlent la grande sensibilité surréaliste de Nadja.

Nadja, une incarnation du surréalisme

Lorsque Breton et Nadja se rencontrent, la jeune femme ignore tout du surréalisme. Il lui fait donc connaitre quelques textes. Elle manifeste vite une très grande sensibilité face à ces écrits, mais cette affinité entre Nadja et le surréalisme va plus loin encore. Par sa façon de vivre, par ses attitudes et sa manière de s'exprimer, elle incarne à elle seule l'ensemble du projet surréaliste :

- Nadja se caractérise, comme Breton, par sa disponibilité face à l'évènement ;
- elle perçoit la vie comme un jeu. Le jour de leur rencontre, elle demande à Breton de participer à un jeu qui consiste à improviser des histoires le plus spontanément possible : « C'est même entièrement comme ça que je vis » (p. 87), lui dit-elle ;
- elle est libre et manifeste une grande indépendance par rapport aux conventions sociales. Lorsque Breton lui demande où elle dine, elle répond : « Où ? (le doigt tendu) : mais là, ou là (les deux restaurants les plus proches), où je suis, voyons, c'est toujours ainsi » (p. 82) ;
- elle est sensible aux analogies et s'applique à identifier les correspondances troublantes. Elle remarque par exemple, dans la soirée du 6 octobre, qu'ils viennent de la place Dauphine et qu'ils se rendent dans un bar appelé le *Dauphin*;
- elle réalise des dessins qui comportent de nombreux symboles que la jeune femme est parfois elle-même incapable d'expliquer. Ainsi, elle ne sait pas ce que représente le masque qu'elle a dessiné dans un coin

du dessin de la page 123. Elle se met dans la même position que le surréaliste qui s'essaie à l'écriture automatique : elle dessine sous la dictée de l'inconscient, de façon spontanée et souvent mystérieuse ;

- comme Breton, elle associe les mots de façon inattendue, pour libérer le langage de sa logique contraignante. À la page 137, il se souvient de quelques-unes de ses phrases, comme « La griffe du lion étreint le sein de la vigne » ;
- elle illustre enfin le thème de la folie, or les surréalistes accordent une place prépondérante à l'imagination. Dans le *Manifeste du surréalisme*, Breton avait d'ailleurs évoqué la fascination qu'exerçait la folie sur lui. Nadja, incapable de s'adapter à la réalité, sera victime de son imagination, ce qui lui vaudra d'être internée dans un asile psychiatrique.

LA RELATION AMOUREUSE

La fascination réciproque

Dès le premier jour, Nadja et Breton semblent s'être reconnus. Si lui est fasciné par l'apparence de la jeune femme, l'attraction qu'il exerce sur elle est d'un autre ordre. À plusieurs reprises, elle le compare à un maitre ou au soleil. Elle l'adore comme on adore un dieu et parle régulièrement de son pouvoir sur elle : « Tu es mon maitre. Je ne suis qu'un atome qui respire au coin de tes lèvres ou qui expire. » (p. 138)

La fascination de Breton pour Nadja est avant tout d'ordre intellectuel : c'est parce qu'elle semble incarner le surréalisme qu'il est attiré par elle. Mais il faut noter qu'elle-même cherche à correspondre à l'image qu'il se fait d'elle, en s'identifiant par exemple aux femmes qu'il évoque dans ses récits, ou à des personnages mythiques ou réels.

Pourtant, Breton s'aperçoit vite qu'elle lui est soumise (« Il est clair qu'elle est à ma merci », p. 106), et c'est pour cette raison qu'il ne peut éprouver le même amour que celui qu'elle ressent pour lui et qu'il ressentira lui-même pour une autre femme.

La culpabilité de Breton

Pendant qu'il écrit *Nadja*, Breton ne peut s'empêcher d'éprouver un sentiment de culpabilité. Il croit avoir une certaine responsabilité dans l'incarcération de la jeune femme. Tout d'abord, il se reproche de ne pas avoir su éprouver le même amour que celui qu'elle ressentait pour lui, celui qui aurait pu prévenir « l'issue fatale » (p. 160). Ensuite, il craint de l'avoir poussée dans une voie qui l'a conduite à la folie : « Elle était forte [...] de cette idée qui toujours avait été la sienne, mais dans laquelle je ne l'avais que trop aidée à donner le pas sur les autres : à savoir que la liberté [...] demande à ce qu'on jouisse d'elle sans restrictions dans le temps où elle est donnée. » (p. 168)

L'annonce de la merveille

L'apparition de Nadja dans la vie de Breton était la conséquence de signes avant-coureurs qu'il s'applique à déchiffrer dans la première partie du texte. Ainsi, la jeune femme avait été annoncée par d'autres femmes que l'auteur avait croisées sur sa route dont, par exemple, Fanny Beznos, la vendeuse de livres sur le marché aux puces de Saint-Ouen (p. 64) ou Blanche Derval, l'actrice qui interprète le personnage de Solange dans *Les Détraqués* (p. 55).

Mais, en 1927, lorsque Breton rencontre Suzanne Muzard et qu'il en tombe violemment amoureux, il se rend compte que Nadja elle-même n'était que le signe annonciateur du « confondant et indubitable amour » qu'incarnera le « Toi » à qui Breton s'adresse dans l'épilogue. Dès lors, il n'éprouve plus le besoin de poursuivre la quête identitaire, signifiée par la question inaugurale : « Qui suis-je ? » Ce « Toi » à qui il s'adresse le « détourne pour toujours de l'énigme » (p. 187).

LA QUÊTE IDENTITAIRE ET LES COÏNCIDENCES

Pour parvenir à se connaitre et mener à bien la quête identitaire qu'entame la question inaugurale, « Qui suis-je ? », Breton s'applique non pas à explorer sa psychologie, son intériorité, mais à décrypter une série de coïncidences mystérieuses, qu'il interprète comme des signaux, seuls capables de lui révéler ce qui fait son originalité par rapport aux autres hommes. Il analyse donc dans le préambule les divers accidents qui ont rempli sa vie avant qu'il ne rencontre Nadja. En effet, il lui semble qu'il n'est pas le seul à gouverner sa vie : « Il s'agit de faits qui, fussent-ils de l'ordre de la constatation pure, présentent chaque fois toutes les apparences d'un signal [...] qui me convainquent de mon illusion toutes les fois que je me crois seul à la barre du navire. » (p. 20)

C'est pour cette raison qu'il revendique cette disponibilité face à l'évènement, disponibilité qui se manifeste particulièrement dans l'errance. Dans un monde où tout peut entrer en résonnance avec autre chose, où les analogies et les coïncidences ne sont pas rares, il faut rester en éveil afin de parvenir à explorer et comprendre sa vie. Il écrit notamment : « Il se peut que la vie demande à être déchiffrée comme un cryptogramme. » (p. 133)

PISTES DE RÉFLEXION

QUELQUES QUESTIONS POUR APPROFONDIR SA RÉFLEXION…

- Quelle est la place accordée au hasard dans le récit ? Commentez en vous appuyant sur des exemples.
- *Nadja* peut-il être qualifié de roman ? Expliquez.
- Est-il possible de déceler, dans le journal des rencontres, des indices de sa future folie dans le comportement de Nadja ?
- Pourquoi les dessins de Nadja peuvent-ils être qualifiés de surréalistes ? Expliquez.
- Dans son avant-dire, Breton explique que son ouvrage obéit à deux principes antilittéraires : l'insertion de photographies et le ton adopté, qui ressemblerait à celui de l'observation médicale. Expliquez et commentez.
- Pourquoi, selon vous, Breton considère-t-il sa relation avec Nadja comme un échec ?
- En quoi, selon vous, la série de coïncidences que Breton évoque dans le préambule prépare-elle l'entrée en scène de Nadja ?
- « La beauté sera convulsive ou ne sera pas. » Commentez cette phrase.
- Quel est le statut et le rôle de l'imagination, pour les surréalistes et dans le texte ?
- Analysez la façon dont Nadja et Breton sont représentés dans les dessins de la jeune femme. Quelles conclusions en tirez-vous ?

- Selon vous, ce texte peut-il être qualifié d'autobiographie ?

POUR ALLER PLUS LOIN

ÉDITION DE RÉFÉRENCE

- Breton A., *Nadja*, Paris, Gallimard, 1963.

ÉTUDE DE RÉFÉRENCE

- Nabarri R., *André Breton.* Nadja, Paris, PUF, 1986.

SUR LEPETITLITTÉRAIRE.FR

- Fiche de lecture sur *L'Amour fou* d'André Breton
- Fiche de lecture sur le *Manifeste du surréalisme* d'André Breton

Gaudé
- La Mort du roi Tsongor
- Le Soleil des Scorta

Gautier
- La Morte amoureuse
- Le Capitaine Fracasse

Gavalda
- 35 kilos d'espoir

Gide
- Les Faux-Monnayeurs

Giono
- Le Grand Troupeau
- Le Hussard sur le toit

Giraudoux
- La guerre de Troie n'aura pas lieu

Golding
- Sa Majesté des Mouches

Grimbert
- Un secret

Hemingway
- Le Vieil Homme et la Mer

Hessel
- Indignez-vous !

Homère
- L'Odyssée

Hugo
- Le Dernier Jour d'un condamné
- Les Misérables
- Notre-Dame de Paris

Huxley
- Le Meilleur des mondes

Ionesco
- Rhinocéros
- La Cantatrice chauve

Jary
- Ubu roi

Jenni
- L'Art français de la guerre

Joffo
- Un sac de billes

Kafka
- La Métamorphose

Kerouac
- Sur la route

Kessel
- Le Lion

Larsson
- Millenium I. Les hommes qui n'aimaient pas les femmes

Le Clézio
- Mondo

Levi
- Si c'est un homme

Levy
- Et si c'était vrai…

Maalouf
- Léon l'Africain

Malraux
- La Condition humaine

Marivaux
- La Double Inconstance
- Le Jeu de l'amour et du hasard

Martinez
- Du domaine des murmures

Maupassant
- Boule de suif
- Le Horla
- Une vie

Mauriac
- Le Nœud de vipères

Mauriac
- Le Sagouin

Mérimée
- Tamango
- Colomba

Merle
- La mort est mon métier

Molière
- Le Misanthrope
- L'Avare
- Le Bourgeois gentilhomme

Montaigne
- Essais

Morpurgo
- Le Roi Arthur

Musset
- Lorenzaccio

Musso
- Que serais-je sans toi ?

Nothomb
- Stupeur et Tremblements

Orwell
- La Ferme des animaux
- 1984

Pagnol
- La Gloire de mon père

Pancol
- Les Yeux jaunes des crocodiles

Pascal
- Pensées

Pennac
- Au bonheur des ogres

Poe
- La Chute de la maison Usher

Proust
- Du côté de chez Swann

Queneau
- Zazie dans le métro

Quignard
- Tous les matins du monde

www.lepetitlitteraire.fr

ISBN version imprimée : 978-2-8062-1220-7
ISBN version numérique : 978-2-8062-2050-9
Dépôt légal : D/2013/12.603/193

17916009R00018

Printed in Poland
by Amazon Fulfillment
Poland Sp. z o.o., Wrocław